Kitsch + Küche

Eva Maria Nitsche

Kitsch + Küche

130 Rezepte aus aller Welt

Christian Verlag

Liebe Freundin,

dieses Kochbuch ist aus einem Kreis von Freundinnen entstanden, die alle gerne kochen, backen, die gerne reisen und Neues ausprobieren und die eine Vorliebe für schöne, bunte, außergewöhnliche und auch kitschige Dinge haben. So haben sich in unseren Köpfen jede Menge Rezepte angesammelt und in unseren Küchen jede Menge Fundstücke, Küchenaccessoires, folkloristischer Schnick-schnack und Souvenirs.

Dinge, die man nicht unbedingt haben muss, aber eben gerne hat. Und von denen man sich auch gern mal wieder trennt – deswegen habe ich angefangen, sie zu fotografieren. Diese Detailfotografien dienten als Kulisse für dieses Buch.

Ich bedanke mich bei Angelika, Susann, Gabi, Jasmine, Karima, Verena, Thomas, Linus, Helen, Rodion, Birgit, Antonia, Michael, Christina, Vroni, Heidi, Anette, Maria, Ulufer, Zaida, Zhu, Anusha und vielen mehr...

Alle Mengenangaben der Rezepte sind für vier Personen

Rezepte aus Deutschland 14

Rezepte für Schweden 40

Rezepte aus Österreich 54

Rezepte aus Italien 64

Alle Mengenangaben der Rezepte sind für vier Personen

Alle Mengenangaben der Rezepte sind für vier Personen

Vorspeisen und Dips

Suppen

Salate

Vegetarische Hauptspeisen

Fisch und Schalentiere

Alle Mengenangaben der Rezepte sind für vier Personen

Hauptspeisen mit Fleisch

Saucen

Beilagen

Desserts

Kuchen

Rezepte aus Deutschland

Grüaßt aich Gott mitanand, i bin d' Vroni. In Bayern schmeckt ois, dö muas-mer Obacht gem, dass mer net glei gwamberd wird. Zuam Kochen brauxt vui Gfui, nocha weards scho wern. Oaso, hosd an Schnaid? No leng ma los!

Ich liebe dich
auf Bayerisch hoast:
I mog di!

Bayerischer Wildschweinbraten

1,2 kg Wildschweinbraten, Salz, Pfeffer aus der Mühle, 4 Knoblauchzehen, 2 EL Majoran, 2 TL Kümmel, 3 EL Butterschmalz, 1/2 l Gemüse- oder Fleischbrühe, 2 Zwiebeln, 3 Karotten, 1 Stück Sellerie, 1 Stück Petersilienwurzel, 1 Stange Lauch, je 1 Zweig Rosmarin und Thymian, 5 Wacholderbeeren, 2 Lorbeerblätter, 2 EL Preiselbeeren

Reibe den Wildschweinbraten mit Salz und Pfeffer, 2 durchgepressten Knoblauchzehen, dem Majoran und dem Kümmel ein. Erhitze das Butterschmalz in einem Bräter, brate das Fleisch rundherum scharf an. Lösche es mit der Hälfte der Brühe ab und füge das klein geschnittene Suppengemüse, den restlichen Knoblauch und die Gewürze dazu. Nun gare alles bei 180 °C im vorgeheizten Backofen etwa 1 1/2 Stunden. Streiche dann die Sauce durch ein Sieb und runde sie mit Salz, Pfeffer und Preiselbeeren ab. Ich gebe immer noch einen Schuss Rotwein dazu. Als Beilage serviere ich Breznknödel und Selleriegemüse.

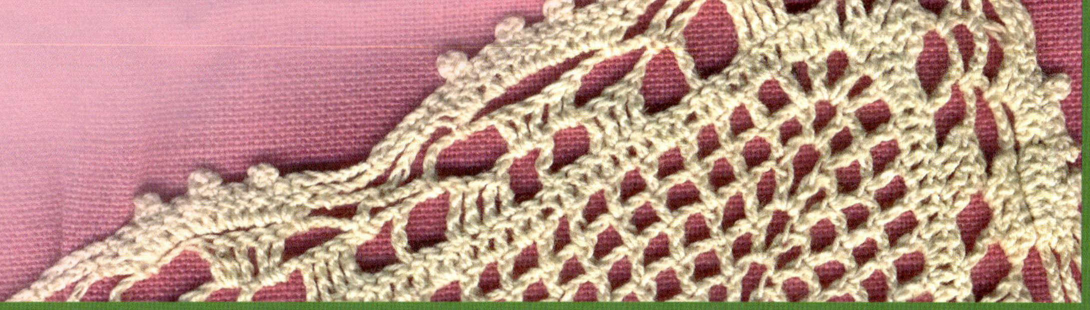

Breznknödel

150 g altbackene Laugenbrezn ohne Salz, 100 ml Milch, 3 Eier, 1 Bund Petersilie, 1 Zwiebel, 50 g Butter, Salz, Pfeffer, 1 Prise Kümmel, 1 Prise geriebene Muskatnuss

Schneide die Brezn in Würfel, übergieße sie mit heißer Milch und gib die Eier dazu. Schwitze die gehackte Petersilie und die gehackte Zwiebel in der Hälfte der Butter an und gib sie ebenfalls zum Breznteig. Mische alles vorsichtig und würze es mit Salz, Pfeffer, Kümmel und Muskat. Bestreiche nun eine weiße Stoffserviette mit Butter und forme darin den Breznteig zu einer länglichen Rolle. Binde die Enden mit Küchengarn fest zusammen. Gare nun die Rolle in einem Topf mit siedendem Salzwasser etwa 1/2 Stunde. Lass sie etwas abkühlen und wickle den Knödel aus der Serviette. Schneide ihn in schräge Scheiben und brate sie in der Pfanne mit der restlichen Butter goldgelb an.

Am Montag mach ich gern a **Gröstl**, weil vom Sonntag oft noch Braten übrig ist. Das brauchst du dazu: 1 kg Kartoffeln, 2 Zwiebeln, 200 g Bratenreste, 100 g Speck, 2 Knoblauchzehen, etwas Butter, 1/2 TL gehackter Kümmel, Salz, Pfeffer

Wasche die Kartoffeln und koche sie mit der Schale. Nach dem Auskühlen kannst du sie schälen und in dünne Scheiben schneiden. Schneide nun die Zwiebeln in feine Ringe, das Fleisch und den Speck in kleine Würfel und hacke die Knoblauchzehen. Brate nun alles in einer Pfanne mit Butter leicht an und gib die Kartoffeln dazu. Würze das Gröstl mit Kümmel, Salz und Pfeffer und brate es goldgelb und knusprig an.

Schwammerlsuppe

250 g frische Steinpilze oder andere Wildpilze, 2 EL Butter, 1 Zwiebel, Salz, Pfeffer, 1/2 TL gehackter Kümmel, 2 EL Butter, 2 EL Mehl, 1 l Gemüsebrühe, 1/2 l Sahne, 2 Eigelb, 1 Bund Petersilie

Zuerst musst du die Schwammerl säubern und in Scheiben schneiden. Dann musst du die klein gehackte Zwiebel in der Butter glasig anbraten. Jetzt gibst du die Pilze dazu und würzt sie mit Salz, Pfeffer und Kümmel.
Mache nun aus der Butter und dem Mehl eine Einbrenne, dazu lässt du das Fett im Topf zergehen und rührst das Mehl langsam unter, sodass es nicht klumpt. Wenn sich Mehl und Fett zu einer Masse verbunden haben, rührst du die lauwarme Gemüsebrühe ein. Dazu gibst du nun die Pilze. Jetzt verrührst du die Eigelbe mit der Sahne. Nimm den Topf vom Herd und rühre die Liaison unter die Suppe. Sie darf jetzt nicht mehr kochen!
Streue die fein gehackte Petersilie drüber und reiche dazu geröstetes Kümmelbrot.

Bärlauchsuppe

200 g Bärlauch, 2 Zwiebeln, 1 mehlige Kartoffel, 1 EL Butter,
1/2 l Gemüsebrühe, 250 ml Sahne, 1 Spritzer Zitronensaft,
Salz, Pfeffer

Hacke die Zwiebeln, würfle die Kartoffel klein und brate beides in der heißen Butter kurz an. Lösche das Ganze mit der Brühe ab und lass es 10 Minuten kochen. Püriere die Suppe fein. Blanchiere den Bärlauch kurz und gib ihn sofort in Eiswasser. Püriere ihn dann mit der Suppe und gib die Sahne und einen Spritzer Zitronensaft, Salz und Pfeffer dazu.

1 Weißkohlkopf, 500 g Hackfleisch, 1 altbackene Semmel, 1 große Zwiebel, 2 Eier, Salz, Pfeffer, 1 TL Paprikapulver, 1 TL Kümmel, 2 EL Pflanzenöl, 1 EL Tomatenmark, 3/8 l Gemüsebrühe, 1/8 l Weißwein, 1 EL süßer Senf, 50 g Sauerrahm, 1 TL Mehl, Küchengarn

Schneide den Strunk des Kohlkopfs heraus und koche den Kohl einige Minuten in Salzwasser (Kochwasser nicht wegschütten). Entferne jetzt die äußeren Blätter. Wiederhole dies so lange, bis du acht große Kohlblätter abgelöst hast. Weiche für die Füllung die Semmel in Wasser ein, drücke sie aus und vermische sie mit der klein gewürfelten Zwiebel, den Eiern und dem Hackfleisch. Jetzt würze alles mit Salz, Pfeffer, Paprika und Kümmel.
Rolle acht einzelne Portionen vom Hackfleisch in jeweils ein Kohlblatt ein, forme sie zu einem Päckchen und verschnüre sie mit Küchengarn. Brate die Krautwickerl in einer Pfanne im Öl scharf an. Gib das Tomatenmark dazu. Stelle aus dem Kohlwasser eine Brühe her (entweder kochst du im Kohlwasser Wurzelgemüse wie Sellerie und Möhren aus oder nimmst einen Brühwürfel) und lösche damit die Krautwickerl ab. Jetzt gib den Weißwein und den Senf dazu und lass alles 30 Minuten bei mittlerer Hitze zugedeckt schmoren.
Nimm die fertigen Krautwickerl heraus, koche die Sauce kurz mit dem mit Mehl vermischten Sauerrahm auf und schmecke sie mit Salz und Pfeffer ab. Zu den Krautwickerln passen am besten Salzkartoffeln.

Kraut-wickerl

Fränkisches Schäufele

1 1/2 kg frische Schweineschulter mit Schwarte
4 TL Salz
1/2 TL weißer Pfeffer
3 Knoblauchzehen
1 Zwiebel
2 Karotten
1 Selleriewurzel
1 EL Kümmel
1/8 l helles Bier

Zuerst musst du die Schwarte der Schweineschulter mit einem scharfen Messer rautenförmig einritzen. Reibe dann das Fleisch mit Salz und Pfeffer ein und brate es ringsherum scharf an.
Lege es nun mit dem Gemüse in einen Bräter, gib den Kümmel und etwa 100 ml Wasser dazu.
Lass das Schäufele bei 170 °C 2 Stunden garen, die Schwarte soll schön knusprig werden. Übergieße den Braten ab und zu mit dem Bier. Nimm das Fleisch aus dem Bräter und schneide es in Scheiben, streiche die Sauce vor dem Servieren durch ein Sieb und serviere den Braten mit rohen Kartoffelklößen.

Fränkische Kartoffelklöß´

2 kg mehlige Kartoffeln
5 Scheiben Weißbrot
2 EL Butter
Salz

Rasple die rohen geschälten Kartoffeln und drücke sie in einem Küchentuch aus. Fange die Flüssigkeit in einer Schüssel auf und stelle sie beiseite, bis sich die Kartoffelstärke am Boden abgesetzt hat, gieße das übrige Wasser ab.
Würze die Kartoffelmasse mit Salz und gib 1 EL von der Kartoffelstärke dazu.
Schneide das Weißbrot in Würfel und brate diese in Butter mit etwas Salz goldbraun an.
Forme nun mit nassen Händen runde Klöße und gib dabei etwas Brot in die Mitte.
Lass die Klöße in siedendem Salzwasser ohne Deckel etwa 20 Minuten ziehen, bis sie an der Oberfläche schwimmen.

Sonntag in Franken

Heid probiert´s amol wos Fränggisch, un mir hamm fei ned nur Brodwerschd un Lebkoung. Ich hab eich wos Gouds rausgsucht, des werd euch af alle Fäll schmeggn. Bevur ix vergess, ich bin die Anedde.

Obatzda

300 g reifer Camembert, 200 g reifer Romadur, 250 g Doppelrahm-frischkäse, 80 g weiche Butter, 2 Zwiebeln, Salz, Pfeffer, 1 TL Kümmel, viel Paprikapulver

Du musst nur den Käse mit einer Gabel fein zerdrücken, die Zwiebeln ganz fein würfeln und alles mit den Gewürzen kräftig durchmischen. Den Obatzda isst man auf einem kräftigen Bauernbrot und trinkt dazu ein Bier!

Stadtwurst mit Musik

500 g einfache Fleischwurst, 2 Zwiebeln, 5 EL Öl,
4 EL Weißweinessig, Pfeffer, Salz, Schnittlauch

Zieh die Haut von der Fleischwurst ab und schneide sie in Scheiben. Schneide die geschälten Zwiebeln in feine Ringe. Vermische beides in einer Schüssel. Rühre aus Öl, Weißweinessig, frisch gemahlenem Pfeffer und Salz eine würzige Marinade und gieße sie über Wurst und Zwiebeln. Lass alles mindestens 30 Minuten ziehen. Streue vor dem Servieren gehackten Schnittlauch über den Wurstsalat und reiche dazu frische Laugenbrezen, Bauernbrot und ein kühles Bier.

Baggers

1 kg Kartoffeln, 1 Zwiebel, Salz, 1 Ei, 3 EL Mehl, Bratfett

Schäle die rohen Kartoffeln und reibe sie. Drücke die Kartoffelmasse in einem Küchentuch aus. Reibe die Zwiebel dazu und vermische den Teig mit Salz, dem Ei und dem Mehl. Der Teig muss so dickflüssig sein, dass er schwer vom Löffel tropft.
Erhitze das Bratfett in einer Pfanne und drücke mit einem Löffel handtellergroße, flache Baggers hinein. Backe sie auf beiden Seiten goldbraun und knusprig.

Dazu schmeckt:

Beschwipstes Apfelmus

2 kg saure Äpfel, 1/2 l Apfelwein, 1/2 l Apfelsaft, 500 g brauner Zucker, 2 TL Zimt, Saft einer Zitrone

Gib den Apfelwein und Apfelsaft in einen Topf und lass die Flüssigkeit auf die Hälfte einkochen. Jetzt gib die geschälten, entkernten und klein geschnittenen Äpfel dazu und lass sie etwa 40 Minuten kochen. Püriere die Apfelmischung und mische sie mit Zucker, Zimt und Zitronensaft. Lass das Mus unter ständigem Rühren weitere 40 Minuten einkochen. Fülle es in abgekochte Gläser und verschließe sie sofort.

Ich liebe Dich

Löse die Hefe in der warmen Milch auf und vermenge sie mit dem Mehl, Zucker und Salz. Lass den Teig zugedeckt an einem warmen Ort 1 Stunde gehen. Knete nun die flüssige Butter und die Eier darunter und lasse den Teig noch einmal 1 Stunde gehen. Jetzt rolle ihn aus und lege ihn auf ein mit Backpapier ausgelegtes Blech. Halbiere und entkerne die Zwetschgen und belege damit dicht den Teigboden. Siebe für die Streusel das Mehl in eine Schüssel und mische es mit Zucker, Zimt und Salz. Füge nun die erwärmte Butter zu. Zerreibe alles mit den Fingerspitzen in kleine Teigklümpchen und streue sie über den Zwetschgendatschi . Backe ihn im vorgeheizten Rohr bei 180 °C etwa 40 Minuten hellbraun.

Zwetschgendatschi

Hefeteig: 40 g Hefe, etwa 1/8 l Milch, 500 g Mehl, 80 g Zucker, 1 Prise Salz, 60 g Butter, 2 Eier

Belag: 1,5 kg Zwetschgen, Zimt, Zucker und Hagelzucker

Streusel: 350 g Mehl, 150 g Zucker, 1 Prise Salz, 1 TL Zimt, 200 g Butter

Apfelküchle

1 EL Butterschmalz
100 g Mehl
2 Eier
120 ml Bier
1 Prise Salz
4 säuerliche Äpfel (z.B. Boskop)
50 g Zucker
1 Vanillestange, Mark ausgekratzt
1 TL gemahlener Zimt

Zum Backen: Butterschmalz

Vermische das zerlassene Butterschmalz mit dem Mehl, den Eiern, dem Bier und dem Salz zu einem dickflüssigen Teig. Schäle die Äpfel, steche das Kerngehäuse aus und schneide sie in dicke Scheiben. Erhitze das Fett 2 cm hoch in einer tiefen Pfanne. Tauche die Apfelscheiben in den Teig und brate sie etwa Minuten auf beiden Seiten goldbraun. Lass sie auf einem Küchenpapier abtropfen und bestreue sie mit dem mit Vanillemark und Zimt gemischten Zucker.

Schwarzwälder Kirschtorte

Teig:

4		Eier
100	g	Zucker
100	g	Butter
150	g	dunkle Schokolade
3	EL	Schwarzwälder Kirschwasser
50	g	Mehl
1	TL	Backpulver
1		Prise Salz
50	g	Kartoffelmehl
150	g	gemahlene Haselnüsse

Füllung:

1/2	l	Sahne
1	Pck.	Vanillezucker
1/8	l	Schwarzwälder Kirschwasser
750	g	rote Kirschen
80	g	dunkle Schokoladespäne

Trenne die Eier und rühre die Eigelbe mit dem Zucker und der Butter schaumig. Gib die über dem Wasserbad geschmolzene Schokolade und das Kirschwasser dazu. Mische Mehl, Backpulver, Salz und Kartoffelmehl und röste die Haselnüsse in einer Pfanne ohne Fett und hebe alles unter die Eigelbmasse. Schlage das Eiweiß steif und hebe es vorsichtig unter den Teig. Gib den Teig in eine gebutterte Springform. Backe ihn bei 190 °C etwa 45 Minuten. Nach dem Auskühlen musst du den Boden zweimal durchschneiden und jeden Boden mit dem Kirschwasser tränken. Schlage die Sahne mit dem Vanillezucker sehr steif, bestreiche damit die zwei Teigböden und belege sie mit den abgetropften Kirschen. Jetzt setze alle Teile aufeinander. Streiche nun die Torte rundherum mit der Sahne ein und verziere sie reichlich mit Schokoladespänen.
Jetzt kannst du noch Sahnetupfer im Kreis herum sprühen und diese mit Kirschen belegen.

Hallöle erscht mol.
I weiß gar net,
was bei uns am
beste schmegge
dud.
Uff älle Fäll hen
i was für di zem-
magschtellt.
Dädd mi freue,
wenndscht des
ausprobiere
dädscht.
Wirschd sehe:
Mer kohs esse.
Grüßle ausm
Schwobaländle
euer Heidi

zu "ich liebe dich"
sage mer: I mog di
fei saumäßich

Maultaschen

350 g Mehl, 4 Eier, 6 EL Wasser, 1 EL Essig, 1 Prise Salz, 150 g frischer Spinat, 15 g Butter, 250 g gemischtes Hackfleisch, 250 g Brät, 1 Brötchen, 2 Zwiebeln (fein gewürfelt), 1 Bund Petersilie, Salz, Pfeffer, geriebene Muskatnuss, 2 l kräftige Brühe

Mehl, 2 Eier, Wasser, Essig und 1 Prise Salz zu einem Nudelteig verkneten und etwa 1 Stunde ruhen lassen. Inzwischen den Spinat gründlich waschen, abtropfen lassen und in Butter dünsten. Hackfleisch, Brät, das kurz in Wasser eingeweichte Brötchen, Zwiebelwürfel, gehackte Petersilie, 1 Ei und 1 Eigelb zu einem Fleischteig verarbeiten, mit den Gewürzen pikant abschmecken. Dann den gehackten Spinat unterkneten. Den Nudelteig so dünn wie möglich ausrollen und ausziehen, in 12 x 12 cm große Quadrate schneiden und die Ränder mit Eiweiß bestreichen. Auf jede Hälfte reichlich Fleischmasse geben, die Teigstücke über Eck zusammenklappen und am Rand fest andrücken. 10 - 15 Minuten in der siedenden Brühe garen.

Kässpätzle

5 Eier, 600 g Mehl, Salz, 1/4 l Milch, 1/4 l Wasser, 200 g geriebener Emmentaler, 100 g Romadur, 3 Zwiebeln, Butterschmalz

Rühre aus Eiern, Mehl, Salz, Milch und Wasser einen zähflüssigen Teig. Reibe den Emmentaler und schneide den Romadur in kleine Stücke. Drücke nun den Teig durch den Spätzlehobel in das kochende Salzwasser und lass es einige Male aufkochen. Rühre dabei öfter um, damit die Spätzle nicht zusammenkleben. Wenn sie an der Oberfläche schwimmen, kannst du sie mit einem Schaumlöffel herausnehmen und abtropfen lassen. Richte die Spätzle jeweils schichtweise mit dem Käse in einer vorgewärmten Schüssel an. Zum Schluss röstest du die gehackten Zwiebeln in Butter braun an und streust sie darüber.

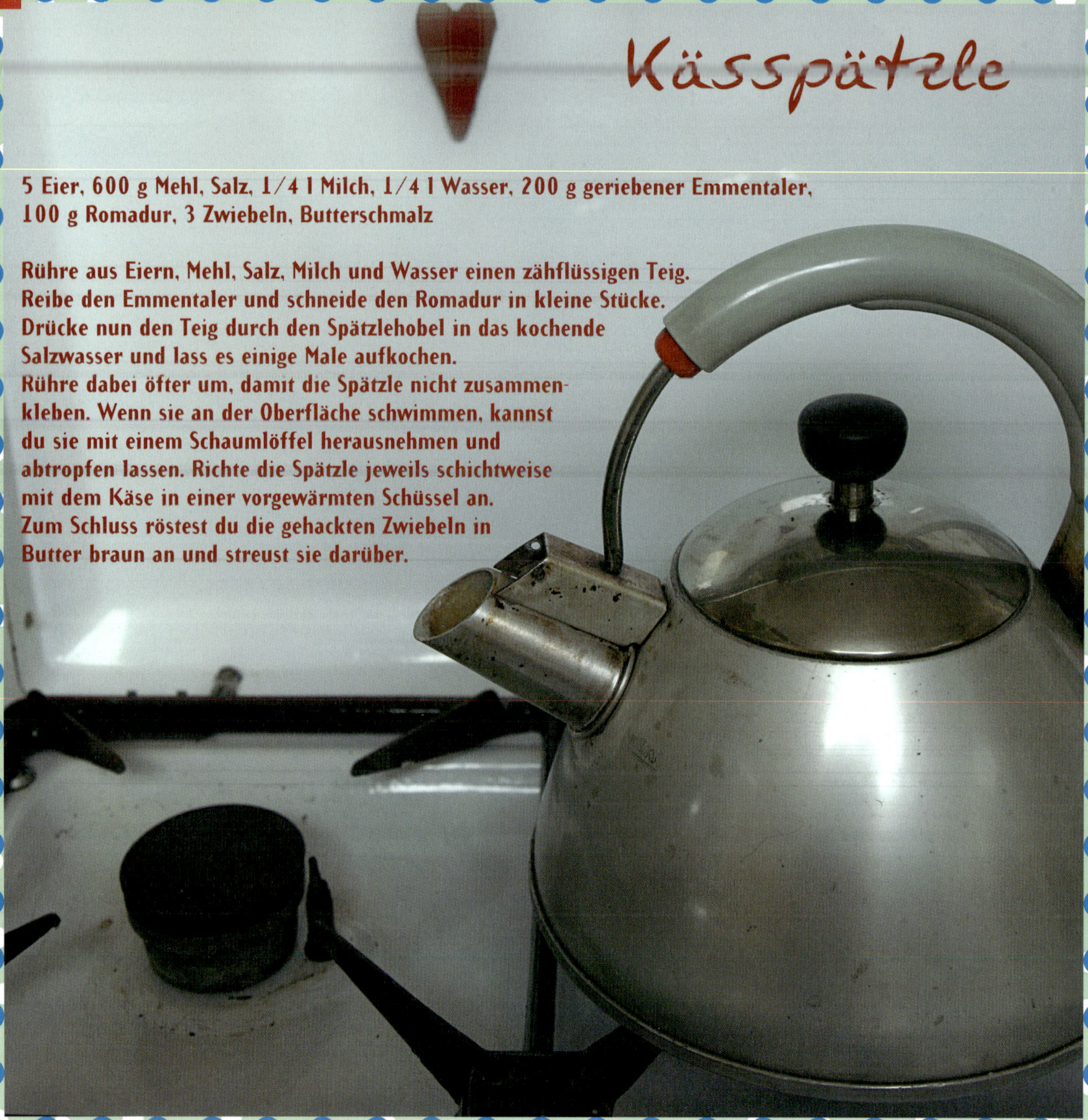

Schupfnudeln mit Sauerkraut

Für die Schupfnudeln: 750 g mehligkochende, gekochte Kartoffeln vom Vortag, 3 Eier, 1/2 TL geriebene Muskatnuss, 2 TL Salz, etwa 200 g Mehl, 3 EL Öl oder Schweineschmalz
Für das Sauerkraut: 300 g Sauerkraut, 1 Zwiebel, 2 EL Butter, 50 g durchwachsener Speck, 1 Lorbeerblatt, 4 Wacholderbeeren

Drücke die Kartoffeln durch die Kartoffelpresse und verknete sie mit den Eiern, Muskat und Salz und so viel Mehl, dass ein weicher Teig entsteht. Rolle auf einem bemehlten Backbrett fingerdicke Würste und schneide sie in etwa 4 cm lange Stücke, die an beiden Enden spitz gerollt werden. Gib die Schupfnudeln in kochendes Wasser und lass sie ziehen. Wenn sie oben schwimmen, nimm sie mit dem Schaumlöffel heraus und lass sie abtropfen. Dann brate sie in einer Pfanne im heißen Öl goldgelb an.
Für das Sauerkraut würfle die Zwiebel fein und brate sie in einer großen Pfanne in Butter an. Gib den fein gewürfelten Speck dazu. Jetzt rühre das Sauerkraut mit etwas Wasser, dem Lorbeerblatt und den Wacholderbeeren dazu. Lass es 20 Minuten köcheln, bis die Flüssigkeit verdampft ist. Gib nun die Schupfnudeln dazu und brate beides zusammen nochmal in Butter an.

Nusskuchen von Mutti

Zuerst musst du die Haselnüsse in einer beschichteten Pfanne anrösten. Rühre die Butter, den Zucker, Vanillezucker und die Eier schaumig. Vermische das Mehl mit dem Backpulver und hebe es mit den gerösteten Nüssen unter die Eiermasse.
Jetzt füllst du den Teig in eine gefettete Kastenform und backst ihn bei 175-200 °C 60-70 Minuten. Den heißen Kuchen stichst du mehrmals mit einer Gabel ein und beträufelst ihn mit Rum. Wenn der Kuchen kalt ist, kannst du ihn mit Schokoglasur bestreichen.

150 g	Haselnüsse, gemahlen
100 g	Haselnüsse, gehackt
270 g	Butter
170 g	Zucker
1 Pck.	Vanillezucker
4	Eier
200 g	Weizenmehl
1 TL	Backpulver
7 EL	Rum

Schokoladenkuvertüre

Hallo ooch allemiddnandorr,
zum Schluss gibt's noch was Fenes. De Nussbäbe von Muddieä, Rezept is von ihrer Mudder. Den gibt's fast jeden Sonntaach, so gud is der. Also ab in de Gusche damit. Dozu en Gaffee, denn ohne Gaffee gann man nich gämpfm!
Unn ich bin de Charlotte

Rezepte aus Schweden

Jag älska dig
heißt
ich liebe dich

Hey. Jag heter Elin. Jeder kennt unser Knäckebröd, aber nicht jeder kann es selbst backen. Ich zeige dir unser Grundrezept. "Knäcke" heißt übrigens knacken und dieses Brot wurde schon vor über 500 Jahren gebacken. Es hatte in der Mitte ein rundes Loch, damit man es an einer Stange aufhängen und trocknen konnte, so hatte man immer Brot auf Vorrat.

Knäckebröd

300	g	Roggenschrot
200	g	Weizenschrot
270	ml	Wasser
6	EL	Öl
1	EL	Kümmel- oder Fenchelsamen
1	TL	Salz

Verrühre alle Zutaten zu einem Teig und lass ihn 30 Minuten stehen. Knete ihn noch einmal gründlich durch und teile ihn in 14 Stücke. Rolle sie zu runden Fladen aus und steche mit einem Eierbecher ein Loch in die Mitte. Heize den Backofen auf 200 °C und backe die Fladen etwa 10 Minuten. Du kannst auch den Teig dünn ausrollen, mit einem Messer Quadrate ausschneiden und mit einem stumpfen Holzstab viele Löcher hineinstechen.

Tünnbröd med Gravlax

25 g Hefe
50 g Butter
1/2 l Milch
1 TL Salz
30 g Zucker
2 EL Zuckerrübensirup
1 TL Hirschhornsalz
100 g Weizenmehl
100 g Roggenmehl
Mehl für die Arbeitsfläche
300 g frisches Lachsfilet (Sushi-Qualität), mariniert*
1/2 Bund frischer Dill
Salz, Zucker, Pfeffer

*So marinierst du den Lachs: Lege das Lachsfilet in ein Glasgefäß. Vermische 1 EL Salz, 1EL Zucker, 1 El Pfeffer und 2 El fein gehackten Dill. Streiche den Lachs damit ein, decke ihn mit Frischhaltefolie ab und lasse ihn einen Tag im Kühlschrank ziehen.

Löse die Hefe und die Butter in der warmen Milch auf, gib alle Zutaten dazu, verknete sie zu einem Hefeteig. Lass ihn abgedeckt an einem warmen Ort etwa 1 Stunde gehen.
Teile den Teig in 14 Stücke und rolle sie mit dem Nudelholz zu 1/2 cm dicken Fladen aus.
Erhitze eine Bratpfanne ohne Fett und backe die Fladen darin von jeder Seite bei mittlerer Hitze etwa 2 Minuten. Lass sie abkühlen, bestreiche sie dann mit Butter und lege je eine dünne Scheibe marinierten Gravlachs darauf. Rolle die Fladen auf und schneide sie quer in 1-2 cm dicke Scheiben.

Goddag, ich heiße Kjella. Hur mår du, wie geht es dir, und was magst du gerne kochen? Ich zeige dir, wie Pyttipanna geht. Die mache ich gerne, wenn vom Vortag noch Braten und Sauce übrig ist. Jag önskar dig en trevlig tid, ich wünsche dir eine schöne Zeit. Smaklig Maltid, guten Appetit!

Pyttipanna

400 g festkochende Kartoffeln
1 1/2 Zwiebeln
2 Gewürzgurken
150 g gekochter Schinken oder Bratenreste
30 g Butter
125 ml Bratensauce
150 g Crème fraîche
Salz
frisch gemahlener Pfeffer
1 EL frische Petersilie, gehackt

Koche die Kartoffeln knapp gar, pelle sie und schneide sie in Scheiben. Würfle die Zwiebeln, Gewürzgurken und den Braten oder Schinken.
Brate alles zusammen in der Butter an, ziehe die Bratensauce und die Crème fraîche unter und würze alles mit Salz, Pfeffer und Petersilie.

Ich serviere die Pyttipanna gerne mit Roter Bete und Spiegeleiern.

500 g Hackfleisch
(Rind, Schwein, Elch oder Lamm)
2 mittelgroße Kartoffeln
1 Zwiebel
3 EL Butter
1 Ei
1 Knoblauchzehe, fein gehackt
150 g Paniermehl
150 ml Sahne
Salz und Pfeffer

Koche die Kartoffeln weich, schäle und stampfe sie. Schäle die Zwiebel, würfle sie und brate sie in der Butter an. Vermische jetzt das Hackfleisch mit dem Ei, der Kartoffelmasse, den angebräunten Zwiebeln, dem Knoblauch und dem Paniermehl. Rühre die Sahne unter und schmecke den Teig mit Pfeffer und Salz ab. Heize den Ofen auf 190 °C vor. Forme kleine Bällchen, lege sie auf ein eingefettetes Backblech und backe die Köttbullar 20–30 Minuten.

Köttbullar

6 mittelgroße Kartoffeln • 2 mittelgroße Zwiebeln
4 EL Butter • 10 in Öl eingelegte Sardellen
150 ml Sahne • 1 Tasse Semmelbrösel • Salz, Pfeffer

Janssons Frestelse

Kartoffel - Sardellen - Auflauf

Schäle die Kartoffeln und die Zwiebeln und schneide sie in dünne Scheiben. Brate die Zwiebelringe in Butter an, lege die Hälfte der Kartoffeln in eine gefettete Auflaufform, schichte dann die Zwiebelringe und die Sardellen darüber. Hebe das Öl auf. Lege nun den Rest der Kartoffelscheiben auf die Fischfilets bestreue sie mit Semmelbröseln und gib einige Butterflöckchen darauf. Gieße nun 2 EL vom Öl und die Hälfte der gesalzenen und gepfefferten Sahne darüber.

Backe den Auflauf bei 200 °C im vorgeheizten Ofen etwa 50 Minuten. Gieße nach der Hälfte der Backzeit den Rest der Sahne dazu.

Sillsallad (Heringssalat)

2 frische Heringsfilets, gewässert
3 mittelgroße Kartoffeln, gekocht
3 essigsaure Gurken
2 säuerliche Äpfel
1 Zwiebel, fein gehackt
250 g eingelegte Rote Bete
weißer Pfeffer
3 EL Rote-Bete-Saft
2 Eier, hart gekocht

Schneide sämtliche Zutaten in kleine Würfel und hebe sie vorsichtig untereinander. Gib den mit frisch gemahlenem weißem Pfeffer gewürzten Rote-Bete-Saft dazu. Richte den Heringssalat auf einer Platte mit den in Achtel geschnittenen Eiern an.

Rezepte aus Österreich

Habe d'Ehre.
I hoas Maria. I söba mog
ollerwäi a siaße Mölspäs,
oba a Schnidzerl is a nix Fads.
Dozu a Seidl.
Wean is a Wödstad,
des schmeggsd a.
Der echde Weaner is hoid
a Burschwa – eh kloa.
Wonnst das wissn wuist:
ich liebe dich hoast:
I hob di vui liab

Wiener Schnitzel

4 Kalbsschnitzel zu je 200 g, etwa 5 mm dick quer gegen die Faser aus der Keule geschnitten - Salz - 1 Ei - 100 g Mehl - 150 g Semmelbrösel - 200 g Schweineschmalz

Klopfe die Schnitzel flach und salze sie von beiden Seiten. Verquirle das Ei in einer Schale, gib das Mehl und die Semmelbrösel ebenfalls auf einen Teller. Wende die Schnitzel zuerst in Mehl, dann im Ei und zuletzt in den Semmelbröseln. Erhitze das Schweineschmalz in einer großen Pfanne und brate die Schnitzel auf jeder Seite ca. 4 Minuten goldgelb. Dazu passen Erdäpfelsalat und Gurkensalat.

250 g Mehl • 250 g geriebene Mandeln • 250 g Zucker • 250 g kalte Butter • 1 Ei
1 TL Kirschwasser • 1 Prise gemahlene Nelken • 1 EL gemahlener Zimt
1 Bio-Zitrone, Schale abgerieben • 1 EL Kakao • 150 g Ribiselkonfitüre (rote Johannisbeerkonfitüre) • 1 Eigelb

Verknete alle Zutaten außer der Konfitüre und dem Eigelb zu einem Mürbeteig und stelle ihn 1 Stunde kalt. Rolle 2/3 des Teiges aus und lege damit eine gefettete Springform aus. Bestreiche ihn mit der Marmelade. Rolle den restlichen Teig aus und schneide ihn in Streifen. Forme aus den Streifen einen Rand und lege ein Gitter auf die Marmelade. Bestreiche den Rand und das Gitter mit dem geschlagenen Eigelb und backe den Kuchen im vorgeheizten Ofen bei 180 °C etwa 35 Minuten, bis er hellbraun ist.

Linzer Torte

Wiener Apfelstrudel

250 g Mehl • 80 g Butter • 3 Eier • 500 g Äpfel
100 g gehackte Nüsse • 50 g Rosinen
150 g Zucker • 2 EL Zimt • 1/4 l Sauerrahm

Verknete das Mehl, die Butter, die Eier und 100 ml lauwarmes Wasser zu einem Teig und lass ihn zugedeckt 1/2 Stunde stehen. Verteile Mehl auf einem Küchenhandtuch und ziehe den Teig darauf dünn aus. Verteile die geschälten, vom Kerngehäuse befreiten und blättrig geschnittenen Äpfel, die Nüsse, die Rosinen, den Zucker, den Zimt und den Sauerrahm gleichmäßig auf dem Teig und rolle ihn mithilfe des Tuchs eng auf. Bestreiche ihn mit Eigelb und backe den Strudel bei 180 °C 45 Minuten.

500 g Lunge und Herz vom Schwein • 1 Bund Suppengrün • 1 TL Salz
2 Lorbeerblätter • 5 Wacholderbeeren • 8 Pfefferkörner • 50 g Mehl
50 g Butter • 1/2 l Fleischbrühe • Salz, Pfeffer, Majoran • Weißweinessig

Beuschel

Koche die Lunge und das Herz mit dem Suppengrün, Salz, den Lorbeerblättern, Wacholderbeeren und Pfefferkörnern in 1 Liter Wasser etwa 1 Stunde. Nimm die Lunge etwas früher heraus. Lass das Fleisch etwas abkühlen und schneide es in schmale Streifen. Schwitze das Mehl in Butter hellbraun an, lösche es mit der Fleischbrühe ab und lass alles unter Rühren zu einer dickflüssigen Sauce aufkochen. Schmecke die Sauce mit Salz, Pfeffer, Majoran und etwas Essig ab, gib die in Streifen geschnittenen Innereien dazu und lass alles noch einmal aufkochen. Dazu passen Salzkartoffeln.

3 EL Rosinen - 5 EL Rum - 5 Eigelb - 50 g Zucker - 1 Prise Salz
1/2 l Milch - 1 Vanilleschote, Mark ausgekratzt - 170 g Mehl - 5 Eiweiß -
80 g zerlassene Butter - Puderzucker

Weiche die Rosinen 1 Stunde lang in Rum ein und drücke sie vorsichtig aus. Rühre die Eigelbe, den Zucker und das Salz mit dem Schneebesen schaumig. Rühre dann die Milch, das Vanillemark und nach und nach das Mehl unter und gib die Rosinen dazu. Hebe jetzt die sehr steif geschlagenen Eiweiße unter. Erhitze 1 EL Butter in einer flachen Pfanne und fülle den Teig etwa 1/2 cm hoch hinein. Wenn er nach etwa 3 Minuten leicht gebräunt ist, wende ihn vorsichtig und backe ihn fertig. Reiße den Kaiserschmarrn auf einem vorgewärmten Teller mit der Gabel in größere, unregelmäßige Stücke. Diese Stücke kannst du noch einmal in heißer Butter anbraten. Serviere den Kaiserschmarrn locker aufgetürmt und dick mit Puderzucker bestreut.

Kaiserschmarrn

Rezepte aus Italien

Passano i giorni.
Passano le settimane.
Passano i mesi,
e passano gli anni.
Ma quello che non passa mai,
è il mio amore per te!

ti amo heißt
ich liebe dich

Mi chiamo Alice. Und das sind die besten Fettuccine!

Das brauchst du für die Fettuccine:

200 g	Weizenmehl
2	Eier
1–2 EL	Olivenöl
1 Msp	Chilischoten, fein gehackt
1 Handvoll	Basilikumblätter
	Salz

Und so geht´s:

Zuerst musst du das Basilikum ganz klein hacken, dann kannst du alle Zutaten mit dem Mixer verrühren. Rolle den Teig jetzt mit einem Nudelholz aus und lasse ihn abgedeckt gut 30 Minuten ruhen. Jetzt kannst du mit einem Messer Fettuccine schneiden und sie im kochenden Salzwasser 3 Minuten al dente kochen.

Zutaten für´s Pesto:

2 EL	Pinienkerne
1	rote Chilischote, gehackt
3	Knoblauchzehen
100 g	getrocknete Tomaten in Öl
15	entsteinte schwarze Oliven
70 g	Pecorino
70 ml	Olivenöl
	Salz

Röste die Pinienkerne in einer Pfanne ohne Fett goldbraun. Jetzt kannst du die Chilischote, den Knoblauch, die Pinienkerne, die Tomaten mit dem Öl, die Oliven und den grob geraspelten Käse mit dem Schneidstab pürieren – aber nicht zu fein! Das Ganze mit Salz abschmecken – fertig!

Gnocchi di Ricotta

180 g Spinat • 100 g Ricotta • 60 g Parmesan • 1 Ei • 40 g Weizenmehl
Salz, Pfeffer • 1 l Gemüsebrühe
1 Zwiebel • 1 EL Öl • 2 Knoblauchzehen, gehackt • 3 Tomaten • 1/2 l Gemüsebrühe • Majoran, Oregano, Basilikum, Salz, Pfeffer

Blanchiere den geputzten und gewaschenen Spinat, bis die Blätter weich sind. Hacke ihn nach dem Abkühlen ganz klein und presse ihn in einem Tuch gut aus. Vermenge in einer Schüssel den Spinat mit dem Ricotta, dem geriebenen Parmesan, dem Ei und dem Mehl, sodass ein fester Teig entsteht. Schmecke ihn mit Salz und Pfeffer ab. Steche nun mit einem Löffel kleine Klößchen ab und gib sie in die kochende Brühe. Lass die Klößchen circa 8 Minuten ziehen und nimm sie mit einem Schaumlöffel heraus.
Schwitze für die Tomatensauce die gehackte Zwiebel in Öl an und gib die überbrühten, enthäuteten und gewürfelten Tomaten dazu. Lösche sie mit der Gemüsebrühe ab und schmecke die Sauce mit Salz, Pfeffer, Majoran, Oregano, Basilikum und dem Knoblauch ab.

Panzanella Brotsalat

300 g Weißbrot vom Vortag
8 EL Rotweinessig
300 g Fleischtomaten
je 1 gelbe und rote Paprikaschote
3 Frühlingszwiebeln
2 EL Kapern
3 Knoblauchzehen
8 EL Olivenöl
1 Bund glatte Petersilie
1 Bund Basilikum
1 Bund Minze
Salz, Pfeffer

Entrinde das Brot und schneide es in Scheiben. Koche 1/8 l Wasser mit dem Rotweinessig kurz auf, lass es abkühlen und gieße den Sud über die Brotscheiben. Lass es 30 Minuten durchziehen, und reiße dann das ausgedrückte Brot in kleine Stücke. Mische es mit den fein gehackten Tomaten, Paprika, Zwiebeln, Kapern und Knoblauch. Rühre das Olivenöl, die fein gehackten Kräuter, Salz und Pfeffer unter. Stelle die Panzanella im Kühlschrank 1 Stunde kalt. Schmecke sie vor dem Servieren nochmals mit Salz, Pfeffer und Essig ab.

Ciao bella! Sono Francesca! Zu Weihnachten backen wir immer den Panettone, sicher kennst du den Mailänder Weihnachtskuchen. Wir trinken immer ein Gläschen Weißwein dazu. Salute!

60 g Zitronat, 1/8 l Milch, 80 g Butter, 1 Würfel Hefe, 375 g Mehl, 3 Eigelb, 100 g Rosinen, 1 Bio-Zitrone, Schale abgerieben, 80 g Zucker, 1 Vanillestange, Mark ausgekratzt, Salz, 80 g Butter, zerlassen

Zuerst musst du das Zitronat sehr fein zerkleinern. Koche die Milch kurz auf, lass sie etwas abkühlen und rühre die Butter und die zerbröckelte Hefe unter. Siebe das Mehl in eine Schüssel und rühre alle weiteren Zutaten bis auf die zerlassene Butter gut unter. Knete einen festen Teig daraus und lasse ihn dann abgedeckt an einem warmen Ort mindestens 2 Stunden gehen. Fülle den Teig in eine Panettone-Form und lasse ihn noch einmal gehen, bis er doppelt so groß ist. Backe den Kuchen bei 200 °C etwa 1 Stunde und bestreiche ihn gegen Ende der Backzeit mit Butter.

Tonno Auruduci

Thunfischsteaks süßsauer

6 EL Olivenöl, 2 Zwiebeln, Salz und Pfeffer, 4 Thunfischsteaks (je 1,5 cm dick), 100 g Mehl, 3 TL Zucker, 3 EL Weißweinessig, 3 EL trockener Weißwein, 1 Lorbeerblatt, 1 Bund glatte Petersilie

Brate in einer Pfanne in 2 EL Öl die fein gehackten Zwiebeln mit Salz und Pfeffer an und stelle sie dann warm. Bestäube die Thunfischsteaks auf beiden Seiten mit Mehl, würze sie mit Salz und Pfeffer, brate sie im stark erhitzten restlichen Öl scharf an und nimm sie dann aus der Pfanne. Lass nun den Zucker in der Pfanne hell karamellisieren, lösche ihn mit Wein und Essig ab, gib die Zwiebeln und das Lorbeerblatt dazu und lass alles kurz aufkochen. Füge nun die Thunfischsteaks dazu, schmore sie nur 2 Minuten mit und serviere den Fisch mit der fein gehackten Petersilie bestreut.

Fusilli alla Siracusana

Nudeln mit Gemüse und Kapern

500 g Fusilli, 1 kleine Aubergine, 1 rote Paprikaschote, 500 g reife Tomaten, 5 in Öl eingelegte Sardellenfilets, 70 g schwarze Oliven ohne Stein, 2 EL Kapern, 2 Knoblauchzehen, Olivenöl, Salz, Pfeffer, 70 g Pecorino, 1 Bund Basilikum

Schneide die Aubergine in kleine Würfel, bestreue sie mit Salz und lass sie ziehen. Würfle die enthäutete Paprikaschote und die enthäuteten Tomaten. Hacke die Sardellenfilets, die Oliven, Kapern und den Knoblauch klein. Brate nun die Zutaten in reichlich Olivenöl an, schmecke sie mit Salz und Pfeffer ab und lass die Sauce leicht köcheln, während du die Nudeln in reichlich Salzwasser bissfest garst. Richte die Fusilli mit dem geriebenen Käse und den Basilikumblättchen an.

Risotto Nero

Schwarzer Tintenfischreis

Buon giorno, cara. Ich heiße Giulia. Ich serviere Risotto nero gerne meinen Gästen. Dazu kannst du auch einen weißen Risotto, zum Beispiel mit Steinpilzen, anbieten. Das sieht zusammen auf einer Platte angerichtet sehr schön aus.

500 g Tintenfische mit Tintenbeutel (bekommst du im Fachgeschäft), 3 Knoblauchzehen, 6 EL Olivenöl, 1 Zitrone, 1 Zwiebel, 0,3 l trockener Weißwein, 1/2 l heiße Fischbrühe, 300 g Risottoreis, Salz, Pfeffer, 1 Bund glatte Petersilie

Schneide die Tintenfische in feine Streifen und mariniere sie in dem gehackten Knoblauch, 4 EL Olivenöl und dem Saft der Zitrone etwa 1/2 Stunde.
Brate in einem Topf in 2 EL Olivenöl die fein gehackten Zwiebeln an. Lass die Tintenfisch-Streifen abtropfen (fange dabei die Marinade auf) und brate sie kurz mit. Lösche alles mit der Marinade und dem Weißwein ab.
Öffne den Tintenbeutel und gib die Tinte in den Topf, lass alles köcheln und gieße etwas Fischbrühe an.
Nun streue den Reis ein und lass ihn unter ständigem Rühren ausquellen. Würze den Risotto mit Salz und Pfeffer und richte ihn mit der gehackten Petersilie an.

3 Blatt Gelatine • 125 g Crème double • 2 EL brauner Zucker • 1 Vanilleschote, Mark ausgekratzt • 1 TL Schalenabrieb einer Bio-Zitrone 125 ml heißer starker Espresso • 2 Orangen 1 rosa Grapefruit • 1 Prise gemahlener Zimt 1 Prise Cayennepfeffer • 2 EL Grappa • Pistazien zum Garnieren

Weiche die Gelatine in kaltem Wasser ein. Schlage in der Zwischenzeit die Crème double mit dem Zucker, dem Vanillemark und der Zitronenschale in einer Schüssel auf.
Drücke die Gelatine gut aus und löse sie unter Rühren im heißen Espresso auf.
Lasse die Flüssigkeit etwas abkühlen und mische sie unter die Creme. Stelle die Creme zugedeckt mindestens 2 Stunden kalt. Filetiere eine Orange und die Grapefruit. Erhitze den Saft der zweiten Orange und lasse ihn mit dem Zimt und Cayennepfeffer etwas einkochen. Gieße den Grappa dazu und mariniere damit die Fruchtfilets. Steche nun von der Espressomousse mit einem Esslöffel Nocken aus und serviere sie mit den marinierten Filets. Garniere das Ganze mit gehackten Pistazien.

Espressomousse

Crema agli Amaretti

300	g	Amaretti-Makronen
150	ml	Milch
150	ml	Amaretto-Likör
2		Eier, getrennt
100	g	Zucker
1	Msp	Zimt
500	g	Ricotta
1 Päck.chen		Vanillezucker
		Amaretti-Makronen
		Pistazien zum Garnieren

Weiche die Hälfte der Amaretti-Makronen in Milch und Amaretto ein.
Schlage die Eigelbe mit Zucker und Zimt schaumig und hebe den Ricotta unter. Rühre die restlichen, zerriebenen Amaretti-Makronen ein. Schlage die Eiweiße mit dem Vanillezucker sehr steif und hebe sie vorsichtig unter die Creme. Gib nun einen Schuss Amaretto dazu.
Jetzt rühre die eingeweichten und abgetropften Makronen unter. Stelle die Creme 2 Stunden kalt und richte sie in Schälchen mit Makronen und gehackten Pistazien an.

Rezepte aus Frankreich

L'amour est un oiseau rebelle
que nul ne peut apprivoiser.

Die Liebe ist ein rebellischer Vogel,
den niemand bezähmen kann.

Huîtres au Champagne

24 frische Austern (Schalen nicht wegwerfen)
2 Schalotten
100 ml Champagner
2 Eigelb
4 EL Butter
frisch gemahlener Pfeffer
1 Zitrone

Öffne die Austern, nimm sie aus der Schale, fang dabei das Austernwasser auf und gieße es durch ein Sieb in eine Pfanne. Koche es zusammen mit den fein geschnittenen Schalotten und dem Champagner ein, bis nur noch etwa 3 Esslöffel Flüssigkeit übrig bleiben. Zieh die Pfanne vom Herd, gib die Eigelbe dazu und schlage die Mischung zu einer sämigen Sauce.
Nun gib die kalte Butter stückchenweise dazu. Lege die Austern wieder in die Schalen zurück, würze sie mit Pfeffer und beträufle sie mit Zitronensaft. Überziehe sie mit der Sauce und überbacke sie 5 Minuten unter den Grillschlangen des Backofens.

Voilà l´âme.
Je m'appelle Pauline.
Ich verrate Ihnen ein exquistes Rezept,
c´est très bon. Genießen Sie es mit Ihrem Liebsten und
trinken Sie dazu ein Glas Champagner oder Weißwein.
Le vin français est excellent. Aber Sie wissen ja, meine Freundin:
Quand on est amoureux, on vit d´amour et d´eau fraîche.

Coq au Vin Hähnchen in Rotwein

1 Brathähnchen • 50 g Speck • 2 Zwiebeln • 2 Karotten • 5 Schalotten • 250 g Champignons • 50 g Cognac
1 Lorbeerblatt, 1 EL Thymian, 1 TL Rosmarin, 2 Knoblauchzehen • 1/8 l Rotwein • 1/8 l Hühnerfond
Salz, Pfeffer

Heize den Ofen auf 200 °C vor. Lass den gewürfelten Speck in einem Bräter ausgehen. Teile das Brathähnchen in vier Teile, würze es mit Salz und Pfeffer und brate es im Fett rundherum kräftig an. Röste nun die gewürfelten Zwiebeln und Karotten, Schalotten und Champignons kurz mit an. Flambiere das Hähnchen mit dem Cognac. Gib Lorbeer, Thymian, Rosmarin und den Knoblauch dazu. Gieße den Rotwein und den Fond an.

Gare das Hähnchen etwa 50 Minuten. Schmecke die Sauce mit Salz und Pfeffer ab.

Das sagte Henri IV: "Je veux que chaque laboureur de mon royaume puisse mettre la poule au pot le dimanche".

Escargots à la Bourguignonne

24 Weinbergschnecken
(aus der Dose)
3 Schalotten
3 EL Estragon
4 Knoblauchzehen
1 Bund Petersilie
200 g Butter
1 Gläschen Sherry
Salz, Pfeffer

Heize den Ofen auf 200 °C vor.
Hacke die Schalotten, den Estragon, die Knoblauchzehen und die Petersilie fein. Vermische alles mit der weichen Butter und dem Sherry und schmecke es mit Salz und Pfeffer ab. Verteile die Schnecken auf ein Schneckenpfännchen oder in Schneckenhäuschen (gibt es im Feinkostgeschäft), gib jeweils die Buttermischung dazu und stelle die Pfännchen für 7 Minuten in den Ofen.

Hummer Armoricaine

2		Hummer
100	ml	gutes Olivenöl
100	g	Schalotten, gehackt
2		Knoblauchzehen
60	ml	Weinbrand
100	g	Trauben
1	Bund	Suppengrün
100	ml	Weißwein
50	ml	Sherry

Salz, Pfeffer, Cayennepfeffer, frischer Estragon

Bringe in einem ausreichend großen Topf Wasser zum Kochen, bis es auch ohne Deckel kräftig sprudelt. Gib nun die Hummer hinein und lass sie 5 – 10 Minuten kochen. Löse das Hummerfleisch sorgfältig heraus. Brate dann die Schalotten und den Knoblauch in heißem Öl an und gib die Hummerstücke dazu. Übergieße sie mit dem angewärmten Weinbrand und flambiere sie. Nun gib die Trauben, das gebündelte Suppengrün und den Wein dazu und lass alles 15 Minuten köcheln.
Nimm das Hummerfleisch heraus, entferne das Suppengrün und schmecke die Sauce mit Sherry, Salz, Pfeffer, Cayennepfeffer und Estragon ab. Übergieße nun damit das Hummerfleisch.

Lavendel-Crème-Brûlée

6 Stängel blühender Lavendel ✻ 100 g Zucker ✻ 1/2 l Milch ✻ 1 Vanilleschote ✻ 2 Eier ✻ 2 Eigelb ✻ 1 TL Rosenwasser ✻ Butter für die Förmchen

Zupfe von zwei Lavendelstängeln die Blüten ab, vermische sie mit dem Zucker und lass ihn einige Tage in einem geschlossenen Gefäß aromatisieren. Koche die Milch mit der längs aufgeschlitzten Vanilleschote und den restlichen Lavendelblüten auf, lass sie abkühlen und seihe sie durch ein Sieb ab. Rühre die Eier und die Eigelbe mit 75 g Lavendelzucker schaumig und gib dann die abgekühlte Lavendelmilch und das Rosenwasser dazu. Fülle die Masse in gebutterte und mit Zucker ausgestreute Förmchen und lass sie im Wasserbad im Backofen bei 150 °C 30 Minuten stocken. Stelle die Creme nun einige Stunden kalt. Bestreue kurz vor dem Servieren die Creme mit dem restlichen Lavendelzucker und karamellisiere sie unter dem Backofengrill oder
- noch besser - mit einem Bunsenbrenner.

Trinke dazu Kaffee:

Noir comme le diable	Schwarz wie der Teufel
Chaud comme l'enfer	Heiß wie die Hölle
Pur comme un ange	Rein wie ein Engel
Doux comme l'amour	Sanft wie die Liebe.

(Talleyrand 1754–1838)

Crêpes Suzette (für 6–8 Stück)

100 g Mehl, 4 Eier, 90 g zerlassene Butter, 1 Prise Salz, 1 EL Puderzucker, 1 EL Rum, 6 EL Milch, Sonnenblumenöl, 2 Bio-Orangen, 2 EL Zitronensaft, 12 Stück Würfelzucker, 1 EL gehobelte Haselnüsse, 1 EL gehobelte Mandeln, Grand Marnier zum Flambieren

Verrühre das Mehl mit den Eiern, einem Drittel der zerlassenen Butter, Salz, Puderzucker, Rum und Milch zu einem flüssigen Teig und lass ihn 30 Minuten quellen. Backe mit wenig Fett sehr dünne Crêpes, klappe sie zu Vierteln zusammen und stelle sie warm. Erwärme die restliche Butter, reibe etwas Orangenschale ab, presse die Orange aus, gib den Zitronensaft und die Zuckerwürfel dazu und lass alles 2 Minuten köcheln.
Nimm die Pfanne vom Herd und leg die Crêpes in die Sauce. Streue die Haselnüsse und die Mandeln darüber und flambiere die Crêpes mit dem angewärmten Grand Marnier.

Mousse au Chocolat

150 g Zartbitterschokolade, 3 Eier, 2–3 EL Cognac, 1/2 l Schlagsahne

Breche die Zartbitterschokolade klein, gib sie in eine Metallschüssel und schmelze sie im heißen Wasserbad.
Trenne die Eier und schlage die Eigelbe mit 2 EL Wasser im heißen Wasserbad schaumig, rühre den Cognac und die flüssige Schokolade unter. Schlage nun die Eiweiße und dann die Sahne sehr steif und hebe sie in dieser Reihenfolge vorsichtig unter die Eigelb-Schokolden-Masse. Stelle die Mousse vor dem Servieren einige Stunden kalt.

Ich heiße Chloé und das ist mein Lieblingsrezept: Pissaladière

Französischer Zwiebelkuchen

und so heißen die Zutaten auf Französisch:

Mehl = farine, Zucker = sucre, Salz = sel, Hefe = levure

Zwiebel = oignon, Knoblauch = ail, Olive = olive, Sardellen = anchois

Il s´agit d`un poisson qui est surtout connu sous forme de pâte à tartiner très salée.

Mais vous pouvez manger ces petits poissons en filet à l`huile.

250 g Mehl • 1 TL Zucker • 1 TL Salz • 20 g frische Hefe • 1 kg Gemüsezwiebeln • 3 Knoblauchzehen • Olivenöl • 3 Zweige Thymian • Salz, Pfeffer, Rosenpaprikapulver • 1 Lorbeerblatt • Mehl zum Ausrollen Fett für das Blech • 15 Sardellenfilets • 20 schwarze Oliven, entsteint

Verknete das Mehl, den Zucker und das Salz in einer Schüssel mit der in 1/8 Liter warmem Wasser aufgelösten Hefe und lass den Teig zugedeckt an einem warmen Ort 1 Stunde gehen. Ziehe die Zwiebeln ab und schneide sie in feine Ringe. Brate den gehackten Knoblauch im Öl kurz an und gib die Zwiebelringe, Thymianblättchen, Salz, Pfeffer, Paprika und das Lorbeerblatt dazu und brate sie glasig an. Knete den Teig nochmals mit den Händen durch und rolle ihn auf einer bemehlten Arbeitsfläche aus. Lege ein gefettetes Backblech mit dem Teig aus.

Lass den Teig nochmals 20 Minuten gehen. Verteile nun zuerst die Zwiebeln, dann die Sardellenfilets und die Oliven darauf. Träufle noch etwas Öl auf den Zwiebelkuchen und backe ihn im vorgeheizten Backofen bei 225 °C etwa 30 Minuten.

Rezepte aus Spanien

Te amo heißt ich liebe dich

TAPAS

Buenas dias, amiga. Ich heiße Maria. Ich zeige dir, wie man die besten Tapas macht. Sicher weißt du, dass Tapas "Deckel" heißt, denn ursprünglich waren Tapas kleine Brotscheiben, mit denen man sein Sherryglas bedeckte.

Crostata
überbackene Brotscheiben

300 g Schafskäse ❀ 10 EL Weißwein ❀ 1 Eigelb ❀ Salz und Pfeffer ❀ 3 Knoblauchzehen ❀ 1 EL Oregano ❀ 1 Roggenbaguette ❀ 3 EL Olivenöl ❀ frischer Rosmarin

Zerdrücke den Schafskäse möglichst fein mit einer Gabel und vermenge ihn mit dem Wein und dem Eigelb. Mische jetzt das Salz, den Pfeffer, den durchgedrückten Knoblauch und den Oregano darunter. Beträufle die Brotscheiben mit Öl und bestreiche sie mit dem angemachten Schafskäse. Überbacke sie nun im vorgeheizten Ofen bei 250 °C etwa 3 Minuten. Bestreue die fertigen Crostatas mit frischen Rosmarinblättchen.

Patatas Fritas
frittierte Kartoffelspalten

750 g kleine Kartoffeln ❀ 5 Knoblauchzehen ❀ 2 rote Chilischoten ❀ 2 rote Paprikaschoten ❀ 10 EL Olivenöl ❀ Salz, Pfeffer ❀ 1 TL Kreuzkümmel ❀ 3 EL Sherry

Putze die Kartoffeln unter kaltem Wasser und koche sie in Salzwasser gar. Inzwischen kannst du den Knoblauch und die Chilischoten hacken und die Paprikaschoten putzen und in Streifen schneiden. Brate jetzt die abgetrockneten und halbierten Kartoffeln in Olivenöl an, bis sie knusprig sind. Gib die Paprikastreifen dazu und brate sie 10 Minuten mit. Jetzt kommen der Knoblauch und die Chilischoten dazu. Zum Schluss schmeckst du die Patatas mit Salz, Pfeffer und Kreuzkümmel ab. Bevor du die Kartoffeln aus der Pfanne nimmst, kannst du sie noch mit dem Sherry beträufeln.

Pipirrana

Gemüsesalat

1 Salatgurke
1 Fleischtomate
1 rote Paprikaschote
1 grüne Paprikaschote
1 Zwiebel
2 Knoblauchzehen
5 EL Rotweinessig
Salz, schwarzer Pfeffer
8 EL Olivenöl
frischer Estragon

Zuerst musst du die Gurke, die Tomate und die Paprikaschoten entkernen und dann sehr fein würfeln. Hacke dann die Zwiebel und den Knoblauch und mische alles in einer Schüssel. Rühre aus Essig, Salz, Pfeffer und dem Öl mit dem Schneebesen eine cremige Sauce und gib sie über den Salat. Stell die Pipiranna für 1 Stunde in den Kühlschrank und streue vor dem Servieren gehackten Estragon darüber.

Champiñónes Rellenos

gefüllte Champignons

12 große		Champignons
1		Zwiebel
2		Knoblauchzehen
2	EL	Olivenöl
200	g	rohe Chorizowürste
Salz, schwarzer Pfeffer		
3	EL	Petersilie
100	ml	Weißwein

Hacke die Stiele der geputzten Champignons, die Zwiebel und den Knoblauch fein, brate sie im Olivenöl mit dem Wurstbrät scharf an und schmecke sie mit Salz, Pfeffer und Petersilie ab.
Heize den Backofen auf 200 °C vor. Fülle die Pilzköpfe mit der Fleischmasse, setze sie in eine Gratinform und beträufle sie mit Weißwein. Gieße den restlichen Wein an und backe die Pilze im Ofen etwa 15 Minuten.

Tortillas de Patatas

3 große Kartoffeln ❊ Olivenöl ❊ 1 Schalotte
2 Knoblauchzehen ❊ 3 Eier ❊ Oregano, Salz, Pfeffer

Koche die Kartoffeln, pelle sie, schneide sie in kleine Würfel und brate sie in Olivenöl an. Gib die fein gehackte Schalotte und den Knoblauch dazu und brate sie kurz mit. Verquirle die Eier mit Oregano, Salz und Pfeffer und gieße sie über die Kartoffeln. Lass die Tortilla langsam stocken und nimm zum Wenden einen flachen Teller.

Serrano-Manchego-Crostata

Brot mit Serrano

1 Baguette
4 El Olivenöl
1 Knoblauchzehe
100 g Serrano, geschnitten
100 g Manchego, gewürfelt

Mische das Olivenöl mit der gepressten Knoblauchzehe. Schneide das Baguette in 1 cm dicke Scheiben und röste diese im Backofen 3 Minuten. Bepinsle die Scheiben mit Knoblauchöl und belege sie mit dem Schinken und dem Käse. Überbacke die Crostata noch weitere 5 Minuten.

Albóndigas en Salsa

Hackklößchen in Sauce

300 g gemischtes Hackfleisch ❊ 1 Bio-Limone ❊ 3 EL gemahlene Mandeln ❊ 4 Knoblauchzehen, gehackt ❊ 1 Eigelb
4 EL Minze, gehackt ❊ 1 Zwiebel ❊ 3 Tomaten ❊ 2 rote Paprikaschoten ❊ Rosmarin ❊ Olivenöl ❊ 1 Prise Cayennepfeffer ❊ Salz, schwarzer Pfeffer

Reibe die Schale von der Limone ab und mische sie mit dem Hackfleisch, den Mandeln, zwei Dritteln des Knoblauchs, dem Eigelb, der Minze, Salz und Pfeffer. Würfle die Zwiebel, Tomaten und Paprikaschoten fein und brate sie mit etwas Knoblauch und Rosmarin in Olivenöl an. Lass sie etwa 10 Minuten köcheln und schmecke die Sauce mit Cayennepfeffer, Salz und Pfeffer kräftig ab. Forme aus der Fleischmasse kleine Kugeln und brate sie im heißen Öl etwa 5 Minuten rundherum goldbraun an. Serviere sie in der Sauce.

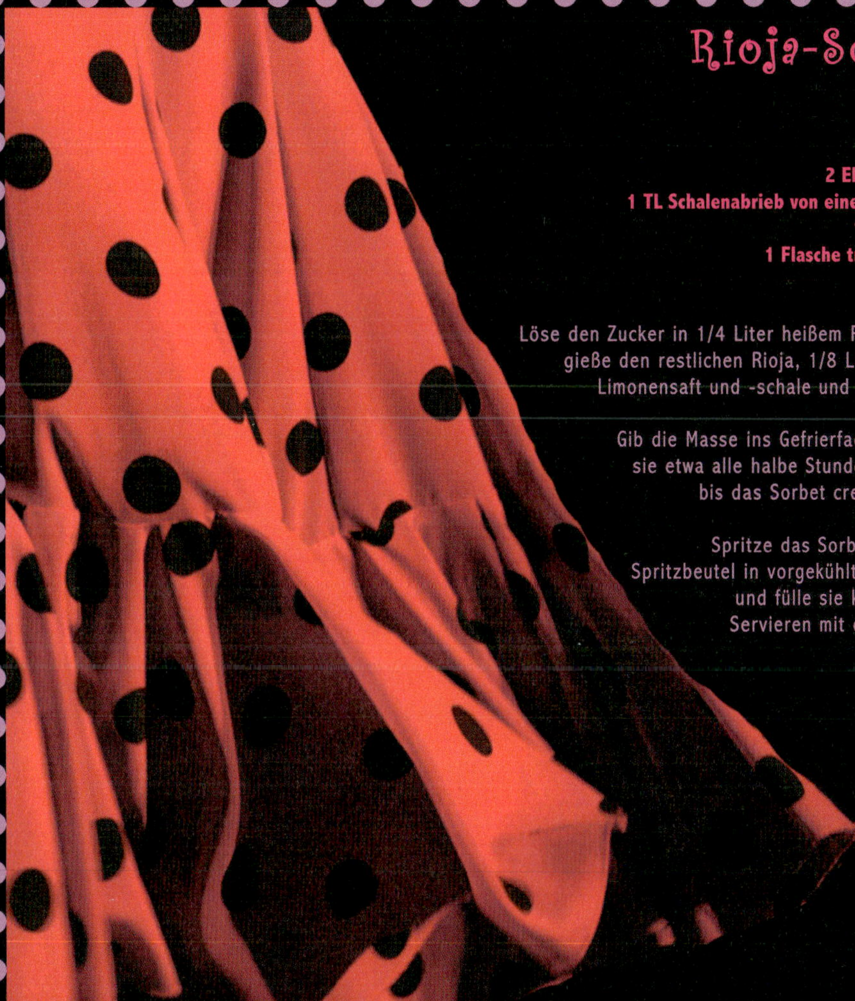

Rioja-Sorbet

180 g Zucker
3/4 l Rioja
2 EL Limonensaft
1 TL Schalenabrieb von einer Bio-Zitrone
100 ml Cassis
1 Flasche trockener Cava

Löse den Zucker in 1/4 Liter heißem Rioja auf und gieße den restlichen Rioja, 1/8 Liter Wasser, Limonensaft und -schale und Cassis dazu.

Gib die Masse ins Gefrierfach und rühre sie etwa alle halbe Stunde kräftig um, bis das Sorbet cremig-fest ist.

Spritze das Sorbet mit einem Spritzbeutel in vorgekühlte Sektgläser und fülle sie kurz vor dem Servieren mit eisgekühltem Cava auf.

Hola. me llamo carla.
¿cómo estas? Von mir
erfährst du die Klassiker
der spanischen Küche.
Und so beginnt ein schönes
Gedicht über die Liebe:
¿Qué Es El Amor?
Armonioso ritmo de dos
notas Indefinible elixir
mágico murmullo de almas
paralelas Volcán de
deseo que va a arder.

Crema Catalana

3/4	l	Milch
1	TL	Schalenabrieb von einer Bio-Zitrone
1	TL	Schalenabrieb von einer Bio-Orange
1		Zimtstange
1		Vanillestange
150	g	Zucker
5		Eigelb
30	g	Maisstärke
50	g	Puderzucker

Bringe die Milch mit der abgeriebenen Zitronen- und Orangenschale, der Zimt- und der Vanillestange sowie dem Zucker in einem großen Topf zum Kochen. Sobald die Milch kocht, nimm den Topf vom Herd.

Mische die Eigelbe mit der Maisstärke und rühre sie nach und nach in die heiße Milch und rühre so lange bei sehr niedriger Hitze weiter, bis die Milch cremig wird. Zieh jetzt den Topf vom Herd und nimm die Zimt- und Vanillestange heraus.

Fülle die Creme in kleine feuerfeste Schälchen und lass sie ganz auskühlen. Siebe den Puderzucker darüber und gratiniere die Creme unter den Grillschlangen des vorgeheizten Backofens bei 250 °C auf oberster Einschubleiste, bis der Puderzucker karamellisiert. Oder benutze einen Bunsenbrenner zum Karamellisieren!

Paella a la Española

Für 6 Personen
1 Hähnchen • Sonnenblumenöl • 3 Zwiebeln • 6 Tomaten • 5 Knoblauchzehen • 800 g Langostinos, Muscheln und Tintenfische (Anteile nach Belieben) • 500 g Erbsen • 200 g Reis • 1–2 g Safran • Salz, Pfeffer

Zuerst musst du das Hähnchen in kleine Stücke teilen und es im Öl anbraten. Schneide dann die Zwiebeln, die Tomaten und die Knoblauchzehen klein, gib sie zum Fleisch dazu und brate das Ganze bei mittlerer Hitze weiter. Ist alles gar gekocht, gib die Meeresfrüchte und die Erbsen hinein. Jetzt rühre mit knapp 1 Liter kochendem Wasser den Reis unter, bei Bedarf kannst du noch etwas nachgießen. Würze alles mit Safran, Salz und Pfeffer. Etwa 20 Minuten muss das Gericht köcheln, bis der Reis gar ist. Jetzt lass die Paella noch 5 Minuten ziehen.

Gazpacho

Gazpacho ist eine kalte Gemüsesuppe aus Andalusien.

**900 g Tomaten • 1 Salatgurke • 1 grüne Paprikaschote
1 rote Paprikaschote • 70 g Fenchel • 100 g Staudensellerie
2 Zwiebeln • Knoblauch • 5 EL Olivenöl
2 EL Rotweinessig • 1/2 l Hühnerbrühe
Pfeffer, Salz • 6 Eiswürfel**

Schneide alles klein: die geschälten Tomaten, die Gurke, die Paprikaschoten, den Fenchel, den Staudensellerie, die Zwiebeln und den Knoblauch. Behalte vom Gemüse etwas für die Dekoration zurück und gib das restliche Gemüse in einen Mixer. Füge Olivenöl, Rotweinessig und Hühnerbrühe hinzu, püriere alles und schmecke es mit Pfeffer und Salz ab. Stelle die Gazpacho mindestens 2 Stunden kalt. Gib vor dem Servieren Eiswürfel und Gemüsewürfel zur Dekoration dazu.

¡Bienvenido! Ich heiße Alba. ¿Cenamos juntos esta noche? Es gibt eine kalte Gemüsessuppe, denn unsere Nächte sind heiß. Es wird dir schmecken. ¡Que aproveche!

1/4	l	Wasser
200	g	Zucker
40	g	Hefe
600	g	Mehl
3		Eier
200	g	Schmalz
		Salz
		Puderzucker zum Bestäuben

Löse im warmen Wasser den Zucker und die Hefe auf. Knete das Mehl darunter und die Eier, dann gib das Schmalz und eine Prise Salz dazu. Es soll ein lockerer Hefeteig entstehen. Forme den Teig zu etwa 13 kleinen Würsten und drehe sie zu Schnecken. Leg die Schnecken auf ein gefettetes Backblech und decke sie mit einem Geschirrtuch ab. Ich lasse sie jetzt 6 Stunden gehen.

Dann bepinsle ich die Oberfläche mit Wasser oder Eigelb und backe sie im vorgeheizten Backofen bei 175 °C etwa 25 Minuten, bis sie goldgelb sind. Jetzt werden die Ensaimadas mit Puderzucker bestäubt und sofort serviert.

Ensaimadas Hefeschnecken

Papas Arrugadas Kartoffeln in Meersalz

1 1/2 kg kleine Bio-Kartoffeln
250 g Meersalz

Wasche die Kartoffeln und koche sie mit dem Meersalz und einem Liter Wasser etwa 30 Minuten gar. Gieße das Wasser ab und lass den Topf mit den Kartoffeln auf der heißen Herdplatte offen ausdampfen, bis die Schale der Kartoffeln runzlig wird.

Mojo Verde

grüne Knoblauchsauce

1 Knolle Knoblauch
1 TL Meersalz
1 Msp Kreuzkümmel
50 ml Weißweinessig
1 Bund glatte Petersilie oder frischer Koriander
200 ml Öl

Püriere den Knoblauch mit dem Salz, dem Kreuzkümmel und dem Essig im Mixer. Gib die Petersilie (oder den frischen Koriander) in den Mixer und lass nun langsam und unter ständigem Mixen das Öl einfließen.

Sangría

Für 10 Personen

- 2 Pfirsiche
- 1 Apfel
- 1 Bio-Zitrone
- 3 l Rotwein
- 1 Stück Zimtstange
- Zucker (nach Belieben)
- 1 l Zitronenlimonade
- 1 Glas Brandy
- 1 Glas Likör (z. B. Cointreau)

Schneide die Früchte in Würfel, gieße den Wein an, füge den Zimt und nach Geschmack Zucker dazu und lasse alles einige Stunden ziehen. Gib die restlichen Getränke dazu und stelle die Sangría kalt. Serviere sie mit Eiswürfeln.

Ya lyublyu tebya
heißt:
Ich liebe dich

Mai Tai

für 2 Personen

4 Eiswürfel
1 Limette
20 ml Zuckersirup
20 ml Mandelsirup
40 ml Orangenlikör
120 ml brauner Rum
6 Eiswürfel
Zum Garnieren:
2 Cocktailkirschen
2 Limettenspalten
2 Minzblätter

Gib die Eiswürfel in einen Cocktailshaker und presse die Limette aus. Gib den Limettensaft, den Zuckersirup, den Mandelsirup, den Orangenlikör und den Rum dazu. Schüttle alles etwa 15 Sekunden gut durch. Verteile je drei Eiswürfel auf zwei Longdrinkgläser.
Gieße den Cocktail durch ein Barsieb in die Gläser.
Garniere die Cocktails mit je einer Cocktailkirsche, einer Limettenspalte und einem Minzblatt.

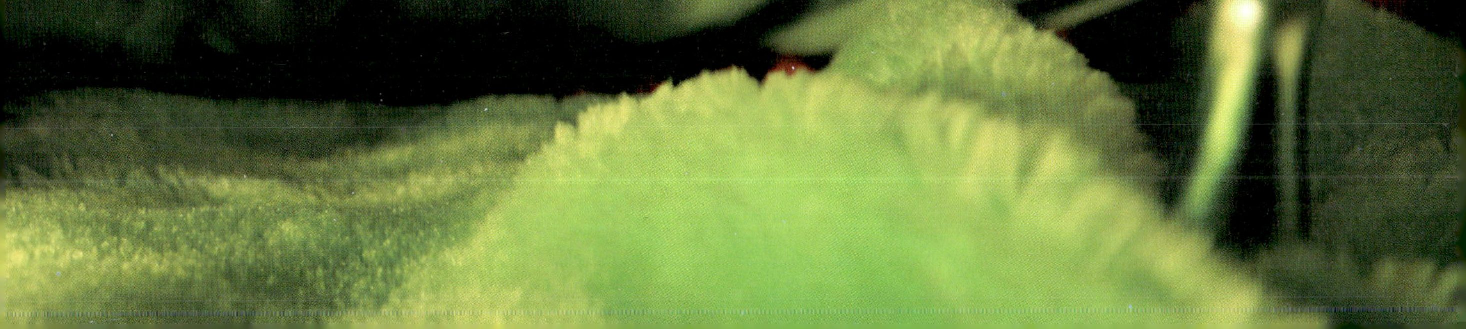

Ich danke Thomas, Linus und meinen Freundinnen für ihre Unterstützung!

Eva Maria Nitsche

www.christian-verlag.de

Konzept, Satz und Layout: Eva Maria Nitsche, artpower
Illustrationen, Collagen und Fotos: Eva Maria Nitsche
Umschlaggestaltung: Eva Maria Nitsche
Redaktion: Tanja Germann
Korrektur: Petra Tröger

Lithografie: Reproline Genceller

Druck und Bindung: EGEDSA
Printed in Spain

ISBN 978-3-88472-792-8

HINWEIS
Alle Informationen und Hinweise, die in diesem Buch enthalten sind, wurden von der Autorin nach bestem Wissen erarbeitet und von ihr und dem Verlag mit größtmöglicher Sorgfalt überprüft. Unter Berücksichtigung des Produkthaftungsrechts müssen wir allerdings darauf hinweisen, dass inhaltliche Fehler oder Auslassungen nicht völlig auszuschließen sind. Für etwaige fehlerhafte Angaben können Autorin, Verlag und Verlagsmitarbeiter keinerlei Verpflichtung und Haftung übernehmen.

Korrekturhinweise sind jederzeit willkommen und werden gerne berücksichtigt.